Los 4 Cuties - novias

Part VI

Español Edición

Para mi marido

Autor / images / Portada: Tanja M. Feiler

Los Cuties son terapeutas
que cantan su Cutiesong

todo el tiempo largo

y tienen su make - up
Colección

y luego?

Ir en la parte 6 funcionó
correctamente

Decoración llena de color en la galería

que son coloridos que nunca

nuevas imágenes

sólo la Colección Diamond

ahora firmemente colorido

Textos y poesía

caminar de nuevo la mano en la mano

a través del país

con la canción Cutie

Todo el tiempo largo

Cutie significa dulce niña

pero tiene un perro viejo astuto

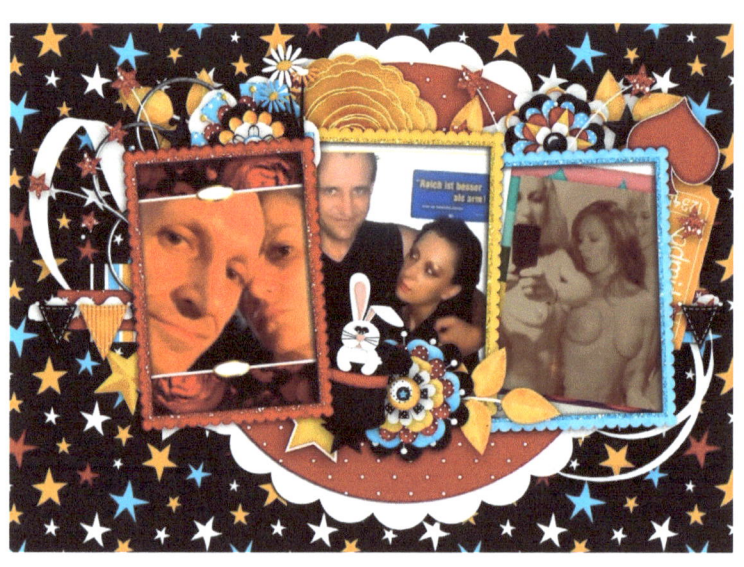

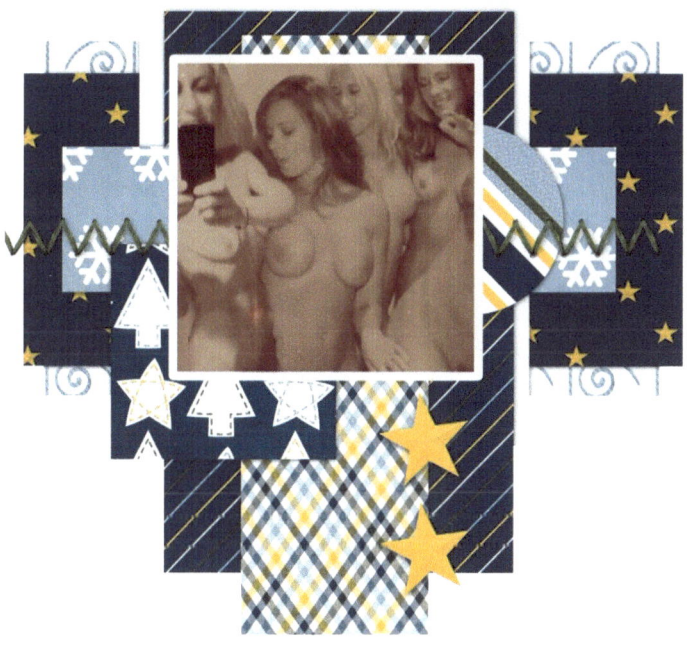

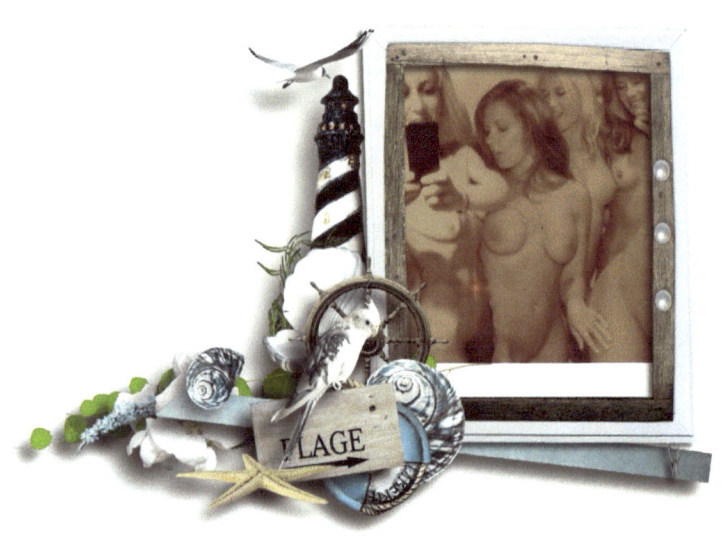

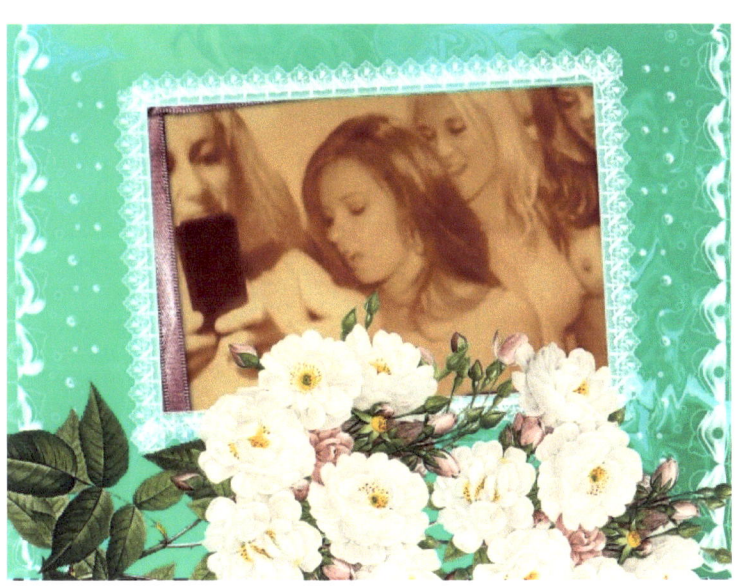

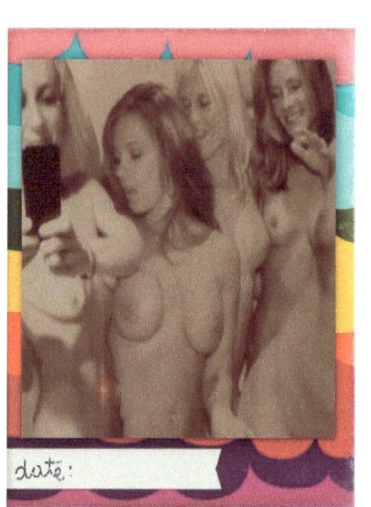

date:

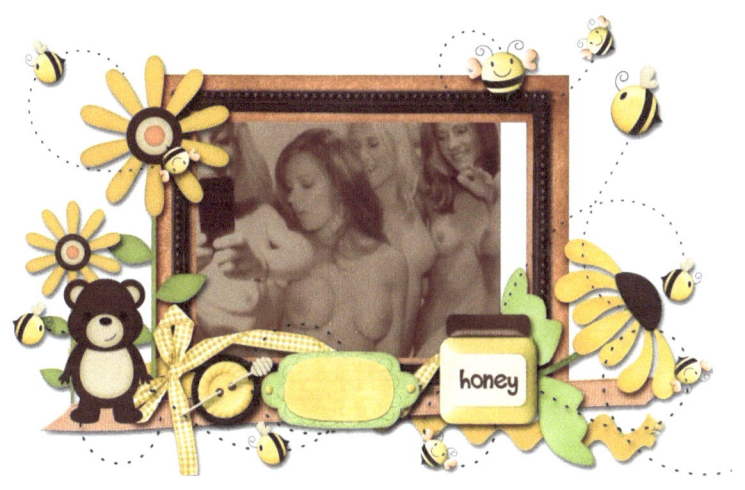

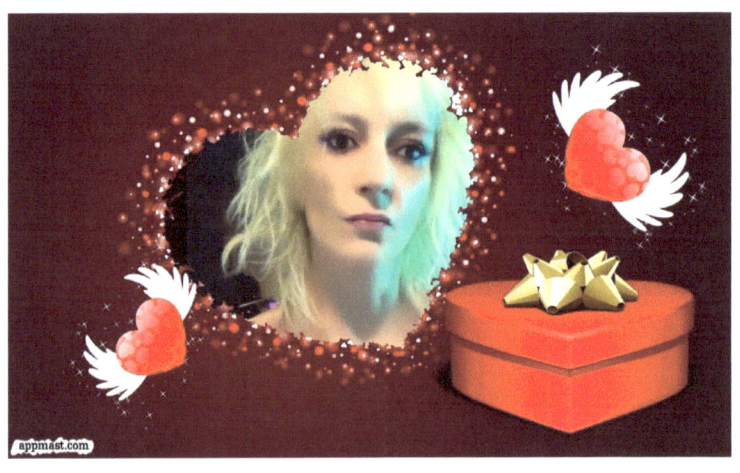

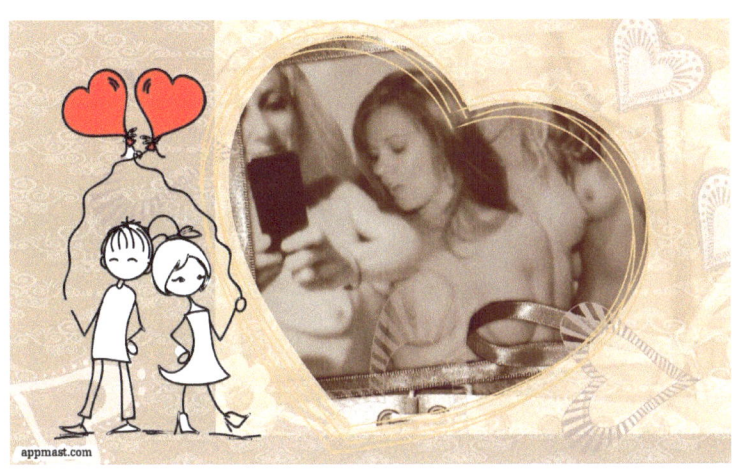

17

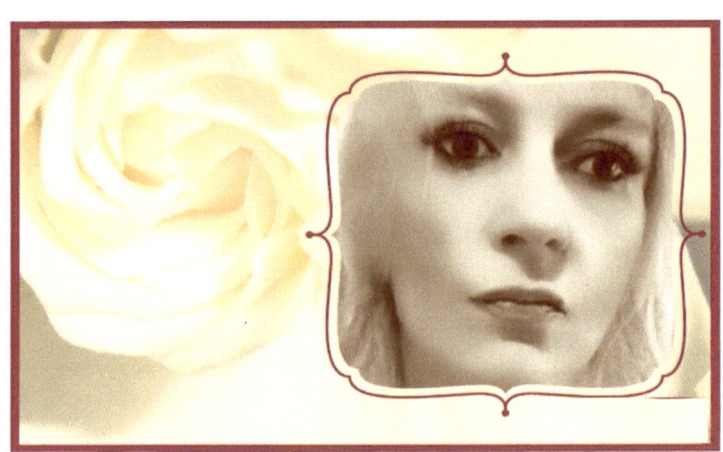

Puede crear perfiles, van a las redes sociales, construir un sitio web y se mantienen en contacto con los niños. Pero, ¿qué pasó? Usted recibirá correos electrónicos con deseos poco fiables para la terapia individual.

Pero las cuatro chicas
tienen Potencia

cantan la canción Cutie

todo el tiempo largo

y partió

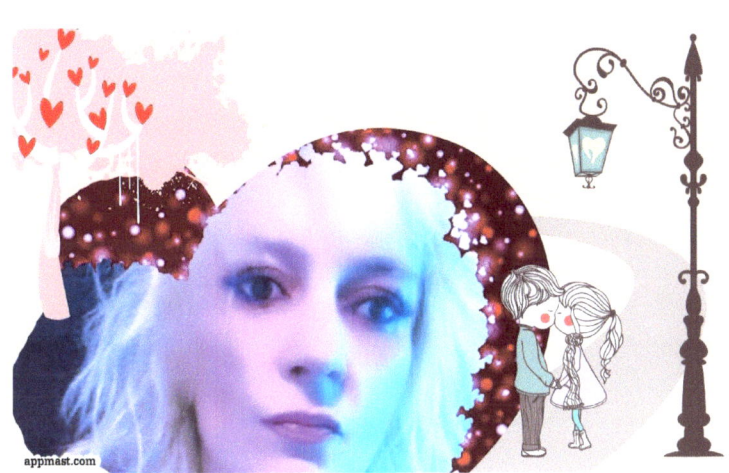

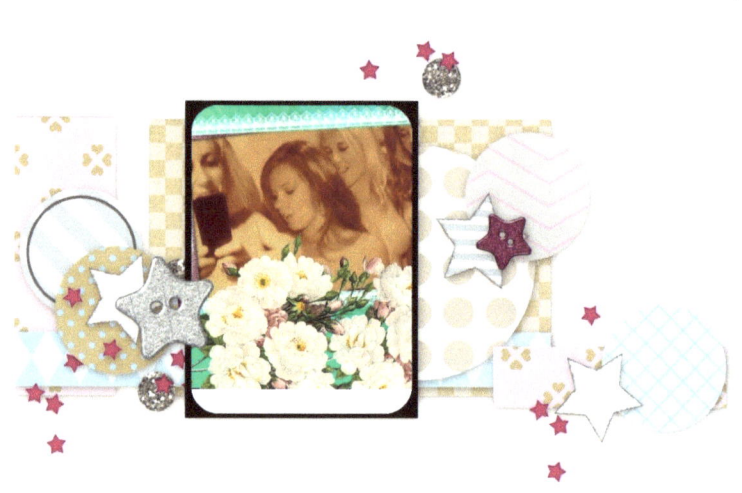

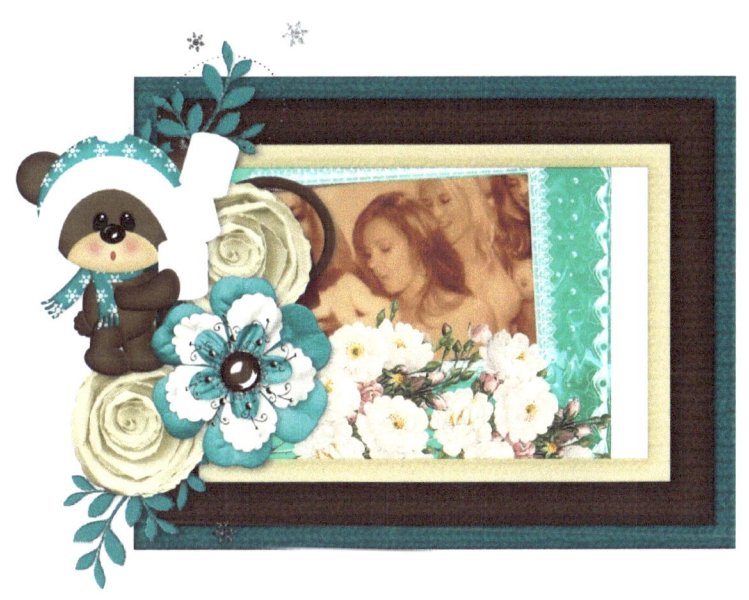

Agradezco especialmente a mi esposo

www.ingramcontent.com/pod-product-compliance
Lightning Source LLC
Chambersburg PA
CBHW041620180526
45159CB00002BC/938